7 Minuten-Geschichten zum Lesenlernen

Das Beste für Mädchen

www.leseloewen.de

ISBN 978-3-7432-0541-3
3. Auflage 2023
© 2020 für diese Ausgabe: Loewe Verlag GmbH,
Bühlstraße 4, D-95463 Bindlach
Dieser Titel enthält Einzeltitel aus der Reihe *Lesetiger*
© 2002–2017 Loewe Verlag GmbH, Bindlach
Umschlagillustration: Angela Glökler
Umschlaggestaltung: Kathrin Tobian
Printed in the EU

www.loewe-verlag.de

Inhalt

In Seenot!

Lola und Lars haben
einen Rundflug gewonnen.

In einem richtigen
Hubschrauber.
Gerade starten sie.
Oh, ist das aufregend!

„Wenn ich groß bin,
werde ich Pilotin!",
ruft Lola begeistert,
als der Hubschrauber
aufs Meer zufliegt.

„Das geht nicht!",
erwidert Lars.

„Nur richtige Männer
können Pilot werden!",
brüllt er in das Mikro.
„Für Frauen ist das nichts!"

Lola antwortet nicht.
Ihr Herz klopft wie wild.
Sie hat etwas entdeckt.

„Eben war da ein Surfer!"
Sie zeigt nach unten.
„Jetzt ist er weg."

Der Pilot reckt den Hals.
„Ich sehe niemanden.
Aber dort kommt ein Sturm.
Wir müssen verschwinden!"

Der Pilot will abdrehen,
als Lola ruft:
„Da ist er!"

Jetzt sehen ihn auch
Lars und der Pilot.

Verzweifelt winkt
der Mann
dem Hubschrauber zu.

Der Pilot schnappt sich
sein Funkgerät:
„Surfer in Seenot.
Bleiben vor Ort!"

Ein Rettungshubschrauber
kommt wenig später auf sie zu.

„Hier Christoph 26!",
meldet sich der
Rettungshubschrauber
über Funk.
„Wir übernehmen!"

„Verdammt guter Pilot
da drüben!",
raunt der Pilot.
Sein Hubschrauber
schlingert im Sturm.

Lola und Lars
halten den Atem an.

Ein Taucher wird
an einem Seil
zum Meer herabgelassen.
Er schaukelt hin und her.

Jetzt ist er bei dem Mann.
Er wickelt ein Seil um ihn.

Der Taucher gibt ein Zeichen.
Er wird mit dem Surfer
an Bord gezogen.

Beide Hubschrauber drehen ab
und landen auf der Uferstraße.

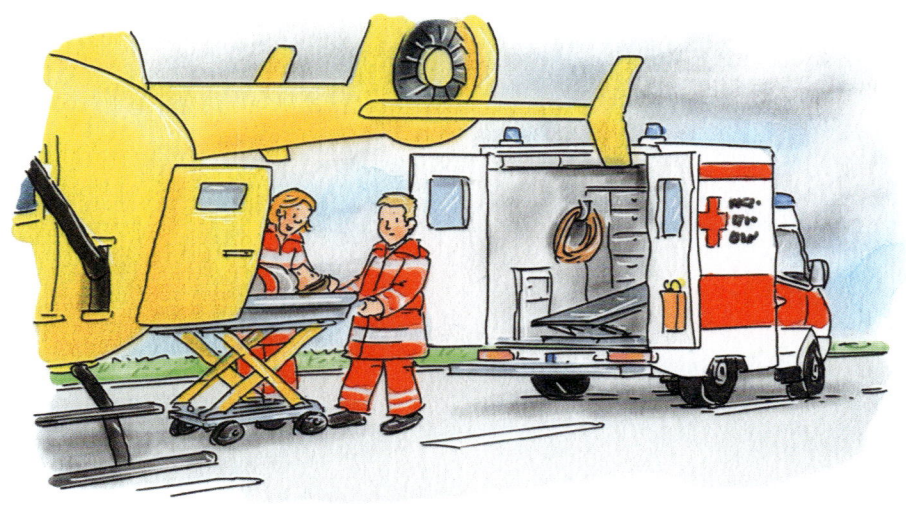

Der Surfer wird
in einen Rettungswagen getragen.

Lola stupst Lars in die Seite.
Sie zeigt auf den Piloten
des Rettungshubschraubers.

Lange schwarze Locken
kringeln sich
auf der Schulter der Pilotin.
Lars staunt mit offenem Mund.

Lola grinst.
„Wie war das noch mal
mit Frauen und Piloten?"

Mädchenkram ist toll!

Heute sollen sich
die Schüler der 2a
ein Wahlfach aussuchen.

Pia überlegt,
dann kreuzt sie „Backen" an.
Backen macht Spaß.

Pia knetet gern Teig.
Und wie gut das riecht,
wenn der Kuchen
aus dem Ofen kommt!

Außerdem isst Pia
Kekse für ihr Leben gern.

Da beugt sich Tim
zu ihr hinüber.

„Willst du wirklich
Backen nehmen?", fragt er.
„So ein blöder Mädchenkram.
Komm lieber mit zum Werken!"

Pia zögert.
Vielleicht hat Tim ja recht
und Werken macht viel mehr Spaß.
Außerdem will sie keinen
blöden Mädchenkram machen.

Schnell radiert Pia das Kreuz weg
und malt ein neues neben „Werken".

In der ersten Werkstunde sollen alle
Fahrzeuge aus Pappe basteln.

Pia klebt ihre Pappe so zusammen,
dass ein langer Zug daraus wird.
Dafür braucht sie nicht lange.

Dann hilft sie Tim
bei seinem Lastwagen.

„Macht doch Spaß, oder?", fragt Tim.
Pia zuckt mit den Schultern.
„Geht so", sagt sie.

Viel lieber würde sie jetzt
Teig ausrollen
und Plätzchen ausstechen.

Nach der Stunde
kommen die anderen
mit selbst gebackenen Keksen
aus der Schulküche. Mmmh!

Jetzt ist sich Pia ganz sicher:
„Ich will doch lieber backen",
sagt sie zu Tim.

„Ehrlich?", fragt Tim.
„Vielleicht kannst du dein Wahlfach
ja noch wechseln."

„Genau", sagt Pia zufrieden.
„Ich finde Mädchenkram
nun mal toll!"

Vollmond

Lisa kann nicht einschlafen.
Dabei ist es schon sehr spät.
Eben hat die Kirchturmuhr
elf geschlagen.

In Lisas Zimmer ist es fast taghell.
Denn heute Nacht ist Vollmond.

Seufzend klettert Lisa
aus dem Bett.
Sie tritt ans Fenster
und schaut in den Garten.

„Moment mal!", flüstert Lisa.
„Was ist das denn?"

Im Garten der Nachbarn
bewegt sich etwas.
Eine Gestalt sitzt im Mondschein
auf einer Bank.

Jetzt schaut sie zu Lisa hoch.
Sie winkt ihr sogar zu.
Lisa kann es kaum glauben.

Das ist doch die blöde Joana!
Sie ist ein Jahr älter als Lisa
und total eingebildet.

Die sagt sonst nie Hallo.
Aber jetzt winkt sie Lisa
zu sich herunter.

Lisa zögert.
Dann gibt sie sich einen Ruck
und schleicht in den Garten.
Dort ist es ganz schön unheimlich.

„Kannst du auch nicht schlafen?",
erkundigt sich Joana,
als Lisa über den Zaun klettert.

Lisa nickt.
„Das ist der Vollmond!", meint Joana.
Sie deutet zu der runden Scheibe
am Himmel.

„Bei Vollmond kann ich
nie schlafen", sagt sie
und lächelt Lisa freundlich an.

Da fällt Lisa etwas auf.
„Du trägst ja eine Brille!"
Joana dreht sich weg.

„Hässlich, nicht wahr?
Ich trage sie auch nur,
wenn mich keiner sieht!",
murmelt sie traurig.

„Deswegen übersiehst du mich
also immer!", sagt Lisa.
„Wenn du die Brille nicht trägst,
erkennst du niemanden!"

Joana nickt
und schaut zu Boden.

„Das ist aber schade!", ruft Lisa.
„Die Brille steht dir nämlich
total gut!"

„Findest du?"
Joana lächelt unsicher.
„Klaro!", meint Lisa.

„Setz dich doch zu mir!",
sagt Joana und zeigt neben sich
auf die Bank.

So sitzen die zwei Mädchen
noch lange im Mondschein
und erzählen sich Geschichten.

Bis sie endlich ganz müde sind
und schlafen gehen.
Und beide freuen sich schon sehr
auf die nächste Vollmondnacht.

Romy weiß, was sie will

„Warum wird Romy verkauft?",
fragt Tina.

„Der Hof braucht das Geld",
sagt Herr Rondorf,
der Besitzer des Ponyhofs.
Tina ist traurig.

Heute kommt der Käufer.
Tina bürstet Romys Fell
ein letztes Mal.

Eine Träne tropft auf die Hand,
die den Striegel hält.

Doch dann kommt alles anders.
Romy wehrt sich,
als sie in den Anhänger soll.

Sie reißt sich los
und galoppiert davon.
Der neue Besitzer stöhnt:
„Ich habe nicht viel Zeit!"

Am Abend im Bett
denkt Tina an Romy.
Wo das Pony wohl ist?

Da hört sie ein Schnauben.
Vor ihrem Fenster steht Romy!
Tina ist überglücklich.

Am nächsten Nachmittag
kommt der Käufer wieder.
Doch Romy will immer noch nicht
in den Anhänger.

Sie schlägt aus und beißt.
„Miststück!", knurrt der Käufer.
Wieder läuft Romy weg.

Am nächsten Morgen
steht Romy friedlich grasend
im Garten von Tinas Eltern.

„Kann Romy nicht hierbleiben?",
fragt Tina ihren Vater.
Der Vater denkt nach.

Am Nachmittag kommt der Käufer
ein drittes Mal.

Romys Augen sind verbunden.
So sieht sie den Anhänger nicht.
Trotzdem wiehert sie nervös.
Tina hat Bauchweh.

„Ich habe nicht viel Zeit!",
ruft der Käufer zur Begrüßung.
„Also, wir hätten Zeit!",
hört Tina plötzlich ihren Vater.
„Und wir hätten gern ein Pony!"
Er zwinkert Tina zu.
Tina jubelt.

(K)ein ganz normales Ei

Pia geht mit Mama über den Markt.
„Wir brauchen noch Eier",
sagt Mama.

Am Stand ist eine Schlange.
Endlich ist Mama an der Reihe.

„Nimm das große braune Ei dort!",
sagt Pia plötzlich.

Mama lacht. „Die sind
doch alle gleich, Schatz!"
Pia schüttelt den Kopf und sagt:
„Nein, das Ei ist anders!"

Mittags darf Mama Pias Ei
nicht für ihr Omelett nehmen.

„Was ist denn nur mit dem Ei?",
fragt Mama verwundert.
Aber das weiß Pia selbst nicht.

Abends legt Pia das Ei
auf ihre Fensterbank.
Dann schläft sie ein.

Nanu, was knackt denn da?
Plötzlich ist Pia hellwach.
Das Ei!! Das Ei geht auf!

Da, die Schale zerbricht!
Ein Köpfchen kommt zum Vorschein.

Pia stockt der Atem.
„B…bist d…du e…etwa ein …?"

Das Etwas nickt stolz.
„… ein echter Dinosaurier.
Keine Angst: Ich esse Pflanzen.
Hm, sieht der Farn lecker aus!"

„Bedien dich", sagt Pia lächelnd.
„Danke! Ich hab echt Kohldampf!"
Der Dino knabbert eifrig los.

„Draußen wächst ganz viel Farn",
sagt Pia und öffnet das Fenster.
Schnell schlüpft der Dino hinaus.

„Kommst du wieder?", fragt Pia.
Der Kleine kichert.
„Gern! Wenn ich dann noch
in dein Zimmer passe ..."

„Nanu, warum ist denn
dein Fenster offen?",
fragt Mama morgens verwundert.
„Und woher kommt die Eierschale?"

Pia schnappt nach Luft.
Dann hat sie den kleinen Dino
also doch nicht nur geträumt!

Pia zieht Mama auf ihr Bett.
„Setz dich mal lieber hin, Mama!
Ich muss dir etwas total
Verrücktes erzählen ...!"

Der Rabe

Die kleine Hexe füttert
die glänzenden Goldfische im
Teich.

Da fliegt die Berghexe vorbei.
„Hast du keinen Raben,
der sprechen kann?", ruft sie.

„Ich will keinen Raben!",
ruft die kleine Hexe zurück.

„Warum müssen alle Hexen
einen sprechenden Raben haben?
Ich finde Goldfische viel schöner!"

Hokuspokus!
Mit einem Hexenspruch hext sie
eine Riesenblume in den Teich.

Sie duftet nach Himbeereis.
Tausend Bienen und Schmetterlinge
wollen gleich davon naschen.

Ist das ein Gewimmel!
Es summt und flattert.
Da wird es der kleinen Hexe zu bunt.

Aber wie ging bloß der Hexenspruch?
„Helft mir doch!", ruft sie
den Goldfischen zu.

Doch die glänzenden Fische
gucken sie nur stumm an.

„Dann hex ich mir eben ein Kamel
und reite damit fort",
sagt die kleine Hexe.

Am nächsten Morgen
ruft sie ihr Kamel.

„Am Sonntag feiere ich
meinen 777. Geburtstag.
Bitte, bring die Einladungen
zu meinen Freundinnen!"

„Geht nicht", sagt das Kamel.
„Ich will nicht über
Wurzeln und Steine stolpern."

Da hext sich die kleine Hexe
eben einen Hund.
Der kann ja Postbote spielen!

Der Hund flitzt gleich
mit den Einladungen los.

Am Sonntag fliegen die Hexen
mit ihren Raben
aus allen Richtungen heran.
Das wird bestimmt ein tolles Fest!

Doch plötzlich krächzen die Raben
ganz aufgeregt: „Haltet den Dieb!
Der Hund klaut alle Würstchen!"

„Ich brauche wohl doch einen Raben",
denkt die kleine Hexe.
„Aber einen mit glänzenden Federn!"

Lottes Idee

Lotte und Hanna
sind furchtbar aufgeregt.

Heute ist ihr erster Tag
auf dem Ferienreiterhof.

Die beiden Freundinnen stehen
mit den anderen Kindern im Hof.

Alle warten
auf die Reitlehrerin.
Sie wird entscheiden,
wer auf welchem Pferd reitet.

Hanna bekommt Rapunzel,
eine braune Haflingerstute
mit einer weißen Blesse.

Hanna schwingt sich sofort
in den Sattel.

„Du darfst Nordwind reiten",
sagt die Lehrerin zu Lotte.

Lotte staunt.
Der weiße Araber
ist das schönste Pferd,
das sie je gesehen hat.

Doch als sie aufsteigen will,
wirft Nordwind unwillig
den Kopf in die Luft.

„Er kann manchmal
etwas störrisch sein",
erklärt die Reitlehrerin.

Lotte lässt sich nicht beirren
und versucht es noch einmal.
Doch der Hengst weicht zurück
.

„Das darf nicht wahr sein!",
denkt Lotte.

Hanna und die anderen Kinder
reiten schon die erste Runde.
Nur Lotte schafft es nicht,
in Nordwinds Sattel zu kommen.

Da hat sie eine Idee.
Sie stellt sich vor Nordwind
und macht einen Knicks.

Dann sagt sie:
„Ich bin Lotte.
Schön, dich kennenzulernen,
Nordwind.“

Der Araberhengst schaut sie an
und wiehert einmal laut.
Das ist ein gutes Zeichen!

Lotte schwingt sich
auf Nordwinds Rücken.
„Na, du weißt, wie man
mit einem Rassepferd umgeht!",
meint die Reitlehrerin lachend.

Lotte grinst und galoppiert
den anderen schnell hinterher.

Opas Eisbär-Abenteuer

Anna und Opa laufen durch den Zoo.
Bei den Eisbären bleiben sie stehen.

„Guck mal, Baby-Eisbären!", ruft Anna.
„Die sehen ja knuddelig aus!"

„Eisbären sind Raubtiere", erklärt Opa.
„Sie sind nicht zum Knuddeln da."

„Bist du schon mal einem begegnet?",
fragt Anna neugierig.
Opa ist früher rund um die Welt gereist
und hat eine Menge Abenteuer erlebt.

Opa nickt. „Als ich am Nordpol war,
stand plötzlich ein Eisbär vor mir.
Er war riesengroß und sehr gefährlich."

Anna sieht Opa zweifelnd an.
Der erzählt nämlich
auch gern mal Seemannsgarn.

„Glaub mir, das war kein Spaß",
sagt Opa. „Der Eisbär hat
die Zähne gefletscht und gebrüllt."

„Hattest du keine Angst?",
will Anna wissen.
„Und ob", sagt Opa. „Vor lauter Angst
hab ich mir fast in die Hose gemacht."

Anna kichert. „Was ist dann passiert?"
„Ich hatte Glück", erzählt Opa weiter.
„Es kamen ein paar Pinguine vorbei
und haben den Eisbären abgelenkt.
Da hab ich mich
aus dem Staub gemacht."

Anna fängt an zu lachen und ruft:
„Das ist doch Seemannsgarn, Opa!
Am Nordpol gibt's gar keine Pinguine.
Pinguine leben nämlich am Südpol!"

Opa macht ein zerknirschtes Gesicht.
„Jetzt hast du mich erwischt", sagt er.
„Da hab ich wohl etwas geschwindelt."

„Macht nichts", sagt Anna und grinst.
„Die Geschichte war trotzdem spannend
Ein richtiges Eisbär-Abenteuer!"

Mit Opa im Zoo
wird es wenigstens nie langweilig!

Prinzessin in Not

Prinzessin Clara saust
auf dem Rücken
der Drachendame Doria
durch die Luft.

„Schneller, Doria!", ruft sie.
Das macht Spaß!
Hier oben ist Clara ganz frei.

„Wir müssen zurück!",
sagt Clara nach einer Weile.
„Mutter wartet schon."

Doria fliegt ausgelassen
im Sturzflug hinab
und landet im Schlossgarten.

„Das hört jetzt auf!",
ruft Königin Gunda wütend.
„Drachenreiten ist
viel zu gefährlich!"

„Der Drache kommt weg!",
befiehlt die Königin.
„In die Drachenhöhle mit ihm!"

„Bitte nicht!", ruft Clara laut.
Doria bäumt sich auf.
Sieben Ritter halten sie fest.

„Du bekommst ein rosa Pony.
Ein echtes Prinzessinnen-Pony!",
bestimmt Königin Gunda.
Traurig blickt Clara Doria nach.

„Probier es gleich aus,
reite um den Schlossgarten",
sagt Königin Gunda.

Missmutig sitzt Clara auf.
Das rosa Pony zockelt los.
„Wunderbar!", jauchzt Gunda.
„Langweilig!", denkt Clara.

Da raschelt etwas im Gebüsch.
Das Pony erschrickt
und rennt wild los.

„Das war doch nur eine Maus,
du Angstpony!", schreit Clara.
Geduckt hält sie sich fest,
so wie auf Dorias Rücken.

Aber ein tief hängender Ast
fegt Clara aus dem Sattel!
Sie klammert sich in die Mähne.
„Hilfe! Doria!", ruft Clara.

Doria kommt sofort!
Aus der Luft schnappt sie
Clara und das Pony,
das ganz verdutzt guckt.

Behutsam setzt sie beide
vor Königin Gunda ab.
„Was?", schnappt die Königin.

„Danke, Doria", sagt Clara froh.
„Du hast mich vor dem
verrückten Pony gerettet."

Königin Gunda seufzt ergeben.
„Na gut, ich sehe es ein.
Ihr zwei gehört zusammen.
Doria darf bei dir bleiben."

Clara umarmt Doria glücklich.
„Du bist und bleibst
der beste Drache der Welt!"

Sofia und Mona

„Spielen wir heute zusammen
nach der Schule?", fragt Sofia.
Aber Mona schüttelt den Kopf.

„Keine Zeit!", ruft sie
und schon ist sie weg.

Am Nachmittag sitzt Sofia
in ihrem Zimmer
und spielt allein mit den Puppen.

Sofia schaut durchs Fenster
zum Spielplatz hinüber.
Plötzlich reißt sie die Augen auf.

Was ist das denn?
Auf dem Spielplatz sieht sie Mona –
mit einem fremden Mädchen!

In Sofia steigt
ein ganz mieses Gefühl auf.
Es tut richtig weh!

Jetzt klettern die zwei
auf die Wipppferde,
mit denen Sofia und Mona
sonst immer spielen.

Mona und das fremde Mädchen
lachen vergnügt.
Sofia hat einen dicken Kloß im Hals.

Sofia ist sich ganz sicher:
Dieses Mädchen
ist bestimmt total doof!

Auf einmal zeigt Mona
mit der Hand auf Sofias Haus.
Mona und das Mädchen
kommen angelaufen.

Es klingelt an der Tür.
Aber Sofia rührt sich nicht.

Sie lauscht.
Mama öffnet die Tür.
Sofia hört Monas Stimme.

Plötzlich fliegt Sofias Zimmertür auf.
Mona und das fremde Mädchen
stürmen herein.

„Magst du mit mir
und meiner Cousine spielen?",
fragt Mona.
„Sie ist heute zu Besuch."

Ein Lächeln breitet sich
auf Sofias Gesicht aus.
„Ja klar, supergerne!"
Und das schreckliche Gefühl
ist wie weggeblasen.

Der doppelte Schmetterling

Habt ihr schon mal
die Hauptrolle im Ballett getanzt?

Wart ihr zum Beispiel
der einzige Schmetterling,
wenn sonst alle Ballerinen
Käfer sind?

Schmetterling sein ist schwer,
aber ich konnte es.
Leider konnte Julia es auch.

„Bei der letzten Probe
zeigt sich, wer besser ist",
sagte die Lehrerin.

Julia lächelte siegessicher.
Ich lächelte auch siegessicher.

Dann übte ich im Wohnzimmer.
Ich flatterte vom Sofa
zum Ohrensessel –
doch der Sessel kippte einfach um.

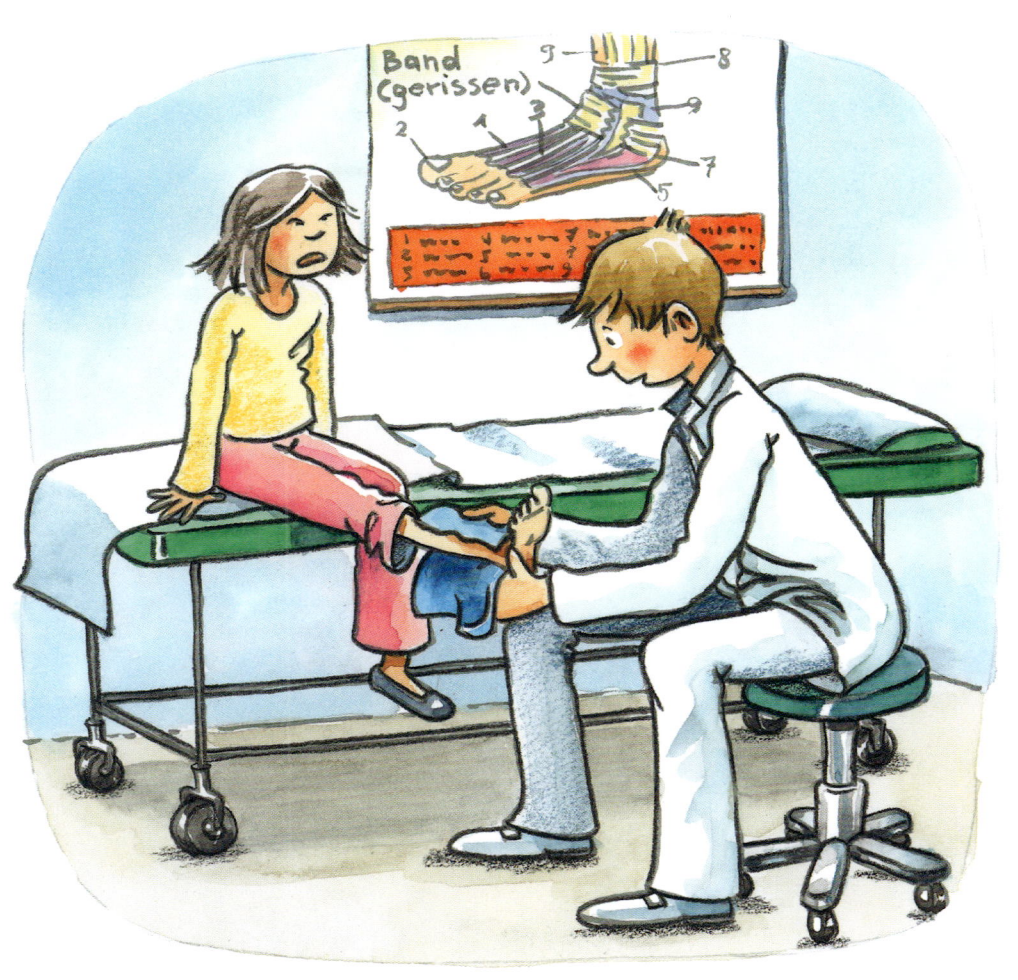

„Uaaaa!", schrie ich.

Mein rechter Fuß tat furchtbar weh.

Der Arzt schiente meinen Knöchel.

„Bänderriss", sagte er.

„Mit Tanzen wird es nichts."

Da weinte ich die Schiene nass.
Ich war sehr traurig.

Nun würden alle Julia zujubeln.
Und ich könnte nicht mal
eine blöde Hummel spielen.

Aber bei der letzten Probe
war an Julias Knöchel eine Schiene.
„Ich wollte üben!", schluchzte sie.

„Es gibt nur eine Lösung",
sagte die Ballettlehrerin.
„Jede ist ein halber Schmetterling!"

So tanzten wir jede mit einem Bein.
Ich war ein Flügel, Julia der andere.

Und die Leute klatschten wie verrückt.
„Tolle Idee!", riefen sie.
Das fanden wir auch.

Und bei der nächsten Aufführung
spielen wir vielleicht
ein vierarmiges Ungeheuer.

Wolkenfohlen

Flora sitzt am Fensterbrett.
Sie beobachtet die Wolken,
besser gesagt,
die Wolkenpferde.

Sie toben herum,
hüpfen und stupsen sich an
und jagen sich über den Himmel.

Plötzlich passiert es!
Ein Wolkenfohlen
treibt es zu doll.

Es stolpert und …
purzelt in hohem Bogen
auf die Erde zu.

Es landet auf dem Garagendach.
Hoffentlich hat sich das Fohlen
nicht wehgetan!

Rasch schleppt Flora die Leiter
aus dem Schuppen.

Sie lehnt sie
an die Mauer der Garage.
Dann kraxelt Flora nach oben
und lugt auf das Dach.

Dort sitzt das Fohlen.
Es schüttelt die Wolkenmähne.

„Wie soll ich bloß wieder
in den Himmel kommen?",
weint das Fohlen.

Flora hat eine Idee!
Sie holt ihren Flugdrachen
aus dem Haus.

„Halt dich gut daran fest!",
rät sie dem Wolkenfohlen.
Sie rennt los.

Der Wind erfasst den Drachen.
Er trägt ihn samt Fohlen
in die Luft.

Immer höher und höher.
Flora rollt die Leine ab,
wie Papa es ihr gezeigt hat.

Das Wolkenfohlen jubelt:
„Juhu, ich fliege!
Vielen Dank!"

Am höchsten Punkt lässt
das Wolkenfohlen
den Drachen los.

Und siehe da, es klappt!
Das Fohlen schwebt zurück
zu seiner Wolkenfamilie.
Flora winkt ihm nach.

Indianerehrenwort

Eigentlich findet Helene
Onkel Theo echt nett.

Wenn er zu Besuch kommt,
wirft er den Grill an
und jongliert mit Würstchen.
Danach spielt er
mit Helene Indianer.

Am Sonntag klingelt es.
„Hallihallo!", ruft Onkel Theo.
„Hallo, kleiner Bruder!",
sagt Papa.

Theo hat Grillkohle dabei.
Er zwinkert Helene zu
und streicht ihr übers Haar.

„Alles klar bei dir,
Häuptling Blaue Blume?"

Helene duckt sich weg.
„Hm, alles klar, Weiße Wolke."
Onkel Theo schüttet die Kohle
in den Grill.

Dann holt er Papier
und macht Feuer.

Helene sieht begeistert zu,
wie der Rauch aufsteigt.
Onkel Theo erzählt
von den Rauchzeichen
der Indianer.

Hallo

ich

bin

Blaue

Blume

Dabei boxt er Helenes Arm.
Schnell zieht Helene
ihren Arm weg.

Bald duftet es nach Würstchen.
Mama und Papa haben schon
den Tisch gedeckt.
Sie essen im Garten.

Onkel Theo reibt sich
den Bauch.
„Hmm, war das gut!"

Dann kneift er Helene
in die Wange.
„Spielen wir wieder Indianer?"

„Ja", sagt Helene.
„Du bist ein fremder Krieger
und ich verfolge dich."

Weiße Wolke schnalzt
mit der Zunge. „Hü!"
Er galoppiert auf seinem
unsichtbaren Pferd davon.

Blaue Blume galoppiert
schnell hinterher.

Sie wirft ihr Lasso.
„Hab dich!", ruft sie.
„Jetzt kommst du
an den Marterpfahl."

Blaue Blume bindet
Weiße Wolke mit einem Strick
an der Kastanie fest.

„Lass mich bitte wieder frei!",
fleht Weiße Wolke.

„Versprich mir was",
verlangt Blaue Blume.
„Du wirst mich nie wieder
boxen oder kneifen!"

Weiße Wolke sagt zerknirscht:
„Darauf gebe ich dir
mein Indianerehrenwort!"

Eine Erbse für Fiora

Draußen peitscht ein Sturm.
Da klopft es am Schlosstor.
Vorsichtig öffnet die Königin.

Vor ihr steht ein Mädchen
mit zerzausten Haaren
und nassen Kleidern.

„Bitte lasst mich ein.
Ich bin Prinzessin Fiora."

Die Königin glaubt Fiora nicht
und will sie testen.

Im Gästezimmer legt die Königin
zehn Matratzen aufeinander
und noch zehn Decken obenauf.

Unter der untersten Matratze
versteckt sie eine Erbse.
Darauf soll Fiora schlafen.

Mitten in der Nacht
erwacht die Königin.
Ein feiner Geruch
steigt ihr in die Nase.

Wo der wohl herkommt?
Schnuppernd erreicht sie
die Küche und staunt.

Prinzessin Fiora rührt
in einem großen Topf.
Prinz Danilo schnippelt etwas.

„Was macht ihr denn da?",
fragt die Königin.
„Ich konnte nicht einschlafen",
erklärt Fiora.

„Ich spürte etwas Hartes.
Ich habe nachgesehen
und eine Erbse gefunden.

Da bekam ich solche Lust
auf Erbsensuppe,
dass ich in die Küche schlich,
um welche zu kochen."

Der Prinz gesteht:
„Und ich wollte noch
schnell eine Wurst futtern,
aber Suppe mit Würstchen
finde ich noch viel besser!"

Da ertönt ein lautes Knurren!
Fiora und Danilo erschrecken.

„Mein Magen hat wohl
auch Lust auf Suppe."
Die Königin kichert.

Fiora füllt drei Suppenteller.
Es schmeckt königlich!
Den Test hat die Prinzessin
locker bestanden!

Die Übernachtungsparty

„Magst du morgen
bei mir schlafen?",
fragt Leni ihre Freundin Suse.

Suse wird ganz verlegen.
Sie scharrt mit dem Fuß im Sand,
sagt aber nichts.

„Was ist denn los?",
fragt Leni enttäuscht.
„Hast du etwa keine Lust
auf eine Übernachtungsparty?"

„Doch! Schon ..." Suse zögert.
Es ist ihr so unangenehm.

Leni legt den Arm um sie.
„Raus mit der Sprache!
Ich bin doch deine beste
Freundin!"

Suse gibt sich einen Ruck.
„Ich kann nur zu Hause schlafen.
Woanders bekomme ich Heimweh!
Und dann muss ich weinen."

Suse hat große Angst,
dass Leni jetzt „Du Baby!"
oder so etwas Gemeines sagt.

Aber Leni sagt gar nichts.
Sie denkt nach.
Dann schnippt sie mit den Fingern.

„Ich hab eine tolle Idee!", ruft Leni.
„Morgen um drei Uhr bei mir!
Und bring deine Schlafsachen mit!"

Was hat Leni nur mit ihr vor?
Suse ist schon sehr gespannt.
Am nächsten Tag ist sie
um Punkt drei Uhr bei Leni.

Gemeinsam bringen sie
Suses Sachen in Lenis Zimmer.
Aber was ist das?

Die Rollläden sind heruntergelassen.
An der Decke funkeln Klebesterne.
Zwei Matratzen liegen auf dem Boden.

Leni lacht ihre Freundin an:
„Ist doch nicht so schlimm,
wenn du nachts
nicht bei mir schlafen kannst."

„Dann gibt's die
Übernachtungsparty
eben am Nachmittag!",
fährt Leni fröhlich fort.

„Das war also deine Idee!"
Suse fällt Leni um den Hals.
„Du bist die beste Freundin
der ganzen Welt!"

Die Käsepizza

„Ich habe großen Appetit
auf Käsepizza",
sagt die kleine Hexe
zu ihrem Raben
mit den glänzenden Federn.

„Hex dir doch eine!",
krächzt der Rabe.

Die kleine Hexe hext so lange,
bis der Pizzabäcker in der Stadt
ihre Botschaft hört:
„Groß und mit viel Käse, bitte!"

Bald läuft der Botenjunge
durch den Wald
und sucht das Hexenhaus.

„Nicht zu finden", denkt er.
„Und dunkel wird es auch.
Ich esse die Pizza selbst!"

„Wo bleibt bloß meine Pizza?",
wundert sich die kleine Hexe.

Der Pizzabäcker hört sie
und bäckt noch eine Pizza,
groß und mit viel Käse.

Diesmal findet der Bote
zum Glück das Hexenhaus.

Doch da schnarrt der Rabe:
„Krächz, du Pizzadieb!"
Und die Pizza fällt dem Boten
vor Schreck in den Dreck.

„Egal, dann hex ich mir eben
selbst eine Pizza zusammen",
sagt die kleine Hexe.

Hokuspokus!
Die Zutaten fliegen herbei.
Wie wird nur eine Pizza daraus?

Die Oberhexe schaut vorbei.
„Bäckst du Käsepizza?", fragt sie.

„Ich kenne keinen Spruch",
murmelt die kleine Hexe traurig.
„Aber ich kenne das Rezept!",
lacht die Oberhexe.

„Zuerst den Teig
aus Mehl, Salz, Wasser und Hefe.
Beleg die Pizza mit Tomaten,
Kräutern und viel Käse."

„Jetzt in den Ofen! Hm, lecker!"
Die Käsepizza ist riesengroß.

„Hol schnell alle Hexen herbei!",
bittet die kleine Hexe den Raben.

„Selbst gebacken, nicht gehext?",
fragen alle ungläubig.
„Klar!", sagt die kleine Hexe stolz.
„Ich werde jetzt Pizzabäckerin!"

Ein Liebesbrief für Nele

Als Nele aus der Pause kommt,
liegt ein kleiner Zettel
in ihrem Federmäppchen.

Nele faltet ihn auseinander
und liest:
„Nele, ich liebe dich! Dein J."

Nele wird rot. Ein Liebesbrief!
Aber von wem?
Jens ist zu schüchtern
und Jörg ist heute krank.

Da kommt Jan in die Klasse
und ruft:
„Nele-Makrele! Nele-Makrele!"

Nele findet Jan blöd,
weil er sie immer ärgert.

Er ruft ihr gemeine Namen nach,
schubst sie oder zieht
an ihren Zöpfen.

Normalerweise ärgert Nele
ihn dann auch.

Doch heute beachtet sie
Jan einfach nicht.
Ob der Brief von Jonas ist?

Jonas sitzt neben Nele.
Er ist nett.

Vorsichtig schielt Nele
auf sein Heft.
Nein, Jonas' Schrift
ist ganz anders.

Mist! Wer hat nur
den Brief geschrieben?
Nele grübelt und grübelt,
aber sie findet keine Antwort.

Nach der Schule
läuft Jan hinter ihr her.

Auch das noch!
Bestimmt will er sie wieder ärgern.
Nele geht schneller.

„He, warte doch mal!", keucht Jan.
Dann fragt er leise: „Hast du
meinen Brief bekommen?"

Nele bleibt stehen.
„Der Brief war von dir?"
Jan wird rot und nickt.

Dann drückt er ihr
eine Blume in die Hand
und läuft davon.

Nele riecht an der Blume.
Vielleicht findet sie Jan
ja doch ganz nett.

Der Kater

Sanne ist neu in der Schule.
Sie sieht den Kindern
auf dem Schulhof beim Spielen zu.

„Wenn ich doch auch endlich
Freunde hätte", denkt sie.

„Was soll ich bloß spielen?",
überlegt sie auch am Nachmittag.

Sie steigt auf den Dachboden.
„Vielleicht finde ich dort
etwas Spannendes?"

Ganz hinten in der Ecke entdeckt sie
ein altes Buch mit Hexensprüchen.

Sanne probiert sie gleich aus.
Hokuspokus!

Schon wirbeln die Sachen
durcheinander.
Statt Pulli und Jeans trägt sie
plötzlich ein Hexenkostüm!

Auf ihrem Kopf
sitzt eine dicke Kröte. Oh!

Jetzt öffnet sich das Fenster:
Witzige Wesen schweben herein.
„Supercool!", flüstert Sanne.

„Miau!" Sogar ein schwarzer Kater
streicht um ihre Beine.

„Puh! Jetzt ist aber Schluss!",
denkt Sanne.

Zum Glück
findet sie den Spruch,
der alle Hexerei beendet.

Doch der Kater bleibt.
Er schnurrt ganz laut.
„Hab ich dich nun gehext,
oder nicht?", fragt Sanne verdutzt.

Zusammen hüpfen sie
durch das Treppenhaus.

Unten guckt ein Mädchen
aus der Wohnungstür.

„Darf ich deinen Kater
mal streicheln?", fragt es.
„Das Mädchen sieht nett aus",
denkt Sanne und nickt.

Da zwinkert ihr der Kater
ganz deutlich
mit einem Auge zu.

„Hokuspokus!", sagt Sanne leise
und zwinkert zurück.

Scheiden tut weh!

Der Möbelwagen ist gepackt,
die Wohnungstür verschlossen.
Paulas Eltern verstauen
die letzten Sachen im Auto.

„Paula, komm, wir müssen los!",
ruft Paulas Papa. „Wir haben noch
eine lange Fahrt vor uns!"

Aber Paula schüttelt trotzig
den Kopf.
Sie steht bei Rebecca.

Die beiden halten sich ganz fest.
„Ich will nicht weg!",
schnieft Paula.

„Und ich will nicht, dass du gehst!"
Eine dicke Träne kullert
über Rebeccas Wange.

„Wir müssen jetzt wirklich los!",
sagt Paulas Mama
und geht zu den beiden Mädchen.

„Mir doch egal!", faucht Paula.
„Ich komm sowieso nicht mit!
Ich bleib bei Rebecca!"

Paulas Mama legt ihr
den Arm um die Schultern.
„Dann wären Papa und ich
aber ganz traurig!"

„Selbst schuld!", knurrt Paula.
„Ihr wollt mich ja auch
von meiner besten Freundin trennen."

„Ooh!" Paulas Mama schnippt
mit den Fingern.
„Ich hab euch ja noch gar nichts
von der Überraschung erzählt!"

„Welche Überraschung denn?",
rufen Paula und Rebecca
gleichzeitig.
„Na, es sind doch bald Ferien ...",
sagt Paulas Mama.

„... und da fahren wir ans Meer!",
unterbricht Paula ihre Mutter
ganz aufgeregt.

„Richtig! Aber wir fahren nicht allein!"
Paulas Mama macht eine Pause,
dann sprudelt sie los:

„Rebecca kommt mit uns mit!
Nicht nur diese Ferien,
sondern alle zukünftigen Ferien
werdet ihr zusammen verbringen!"

„Jippie!" Rebecca und Paula jubeln.
Sie fassen sich an den Händen
und hüpfen wie wild herum.

Die Mädchen sind total
aus dem Häuschen
und kreischen vor Freude.

„Ich glaube, diese Überraschung
ist wirklich gelungen",
sagt Paulas Mama
und zwinkert den beiden fröhlich zu.

Die Froschprinzessin

König Hugo muss verreisen.
Daher bittet er Prinzessin Jola:
„Pass auf das Schloss
und unsere Untertanen auf!"

„Das mache ich!",
verspricht Jola aufgeregt.

Sie startet mit einem Rundgang
durch den Schlosspark.
Auf dem Brunnen
sitzt ein grüner Frosch.

„Quak, quaak, quaaak!"
„Wieso schreist du so?",
fragt Jola ihn.

„Ich habe meine Krone verloren",
jammert der Frosch.
„Deine was?"

Jola muss sich verhört haben.
„Pah, nicht nur Prinzessinnen
dürfen Kronen tragen!
Ich bin der Froschkönig!"

„Entschuldige!
Kann ich dir helfen?",
fragt Jola kleinlaut.

Der Froschkönig nickt.
„Würdest du für mich
im Rabennest nachsehen?"

Jola klettert auf die Eiche.
Oben lugt sie in das Nest.
Nichts!

„Immer werde ich verdächtigt",
krächzt der Rabe beleidigt.

„Tut mir leid!"
Eilig macht sich Jola davon.

Hinter den Büschen
hört sie eine Stimme.
Emily, ihre kleine Schwester,
spricht mit ihrer Puppe.

Auf dem Puppenkopf glitzert es.
Jola rennt zu Emily.

Sie reißt ihr die Puppe weg.
„Die Krone gehört dir nicht!"
Sofort heult Emily los.
„Ich habe sie doch gefunden."

„Man darf nicht alles behalten,
was man findet!", sagt Jola.
Emily schluchzt noch mehr.

Das will Jola nun auch nicht.
Sie nimmt ihre eigene Krone ab.
„Hier, nimm meine!"

Endlich kann Jola dem Frosch
seine Krone zurückbringen.
„Ein Kuss zur Belohnung?"
Der Froschkönig spitzt das Maul.

„Nö, danke", winkt Jola ab.
„Aber ich rufe dich, wenn mir
mal was in den Brunnen fällt!"

Quellenverzeichnis

S. 9–20
Alexandra Fischer-Hunold, *In Seenot!*,
aus: dies., Lesetiger-Pilotengeschichten,
farbig illustriert von Christian Zimmer.
© 2015 Loewe Verlag GmbH, Bindlach

S. 21–29
Maja von Vogel, *Mädchenkram ist toll!*,
aus: dies., Lesetiger-Mädchengeschichten,
farbig illustriert von Eva Czerwenka.
© 2005 Loewe Verlag GmbH, Bindlach

S. 30–40
Alexandra Fischer-Hunold, *Vollmond*,
aus: dies., Lesetiger-
Freundinnengeschichten,
farbig illustriert von Julia Ginsbach.
© 2010 Loewe Verlag GmbH, Bindlach

S. 41–48
Karen Christine Angermayer, *Romy weiß,
was sie will*,
aus: dies., Lesetiger-Ponyhofgeschichten,
farbig illustriert von Marina Krämer.
© 2012 Loewe Verlag GmbH, Bindlach

S. 49–57
Katja Reider, *(K)ein ganz normales Ei*,
aus: dies., Lesetiger-
Dinosauriergeschichten,
farbig illustriert von Eva Czerwenka.
© 2006, 2012 Loewe Verlag GmbH,
Bindlach

S. 58–66
Annelies Schwarz, *Der Rabe*,
aus: dies., Kleine Lesetiger-
Hexengeschichten,
farbig illustriert von Irmgard Paule.
© 2002 Loewe Verlag GmbH, Bindlach

S. 67–75
Amelie Benn, *Lottes Idee*,
aus: dies., Lesetiger-Pferdegeschichten,
farbig illustriert von Julia Ginsbach.
© 2014 Loewe Verlag GmbH, Bindlach

S. 76–82
Maja von Vogel, *Opas Eisbär-Abenteuer*,
aus: dies., Lesetiger-Eisbärengeschichten,
farbig illustriert von Betina Gotzen-Beek.
© 2006 Loewe Verlag GmbH, Bindlach

S. 83–91
Anna Taube, *Prinzessin in Not*,
aus: dies., Lesetiger-Drachengeschichten,
farbig illustriert von Elke Broska.
© 2017 Loewe Verlag GmbH, Bindlach

S. 92–99
Alexandra Fischer-Hunold, *Sofia und
Mona*,
aus: dies., Lesetiger-
Freundinnengeschichten,
farbig illustriert von Julia Ginsbach.
© 2010 Loewe Verlag GmbH, Bindlach

S. 100–107
Antonia Michaelis, *Der doppelte
Schmetterling*,
aus: dies., Lesetiger-Ballerinageschichten,
farbig illustriert von Katharina Wieker.
© 2008 Loewe Verlag GmbH, Bindlach

S. 108–115
Michaela Hanauer, *Wolkenfohlen*,
aus: dies., Lesetiger-Fohlengeschichten,
farbig illustriert von Lisa Althaus.
© 2012 Loewe Verlag GmbH, Bindlach

S. 116–125
Henriette Wich, *Indianerehrenwort*,
aus: dies., Lesetiger-Mutgeschichten,
farbig illustriert von Stéffie Becker.
© 2016 Loewe Verlag GmbH, Bindlach

S. 126–133
Michaela Hanauer, *Eine Erbse für Fiora*,
aus: dies., Lesetiger-
Prinzessinnengeschichten,
farbig illustriert von Silke Voigt.
© 2013 Loewe Verlag GmbH, Bindlach

Das will ich lesen!

ISBN 978-3-7432-1527-6

ISBN 978-3-7432-1426-2

ISBN 978-3-7432-1295-4

ISBN 978-3-7432-0542-0